Great activity book for little boys and girls, a coloring book, fun, detailed and interesting this is the book for your children! Have fun coloring and discovering the wonderful images that are formed when applying color.

You can use your colored pencils, which you have at home.

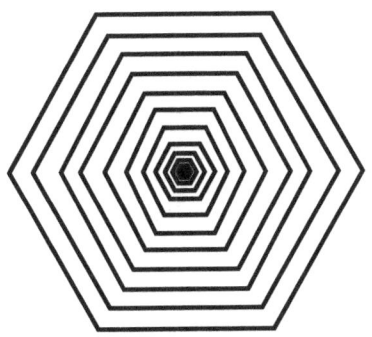

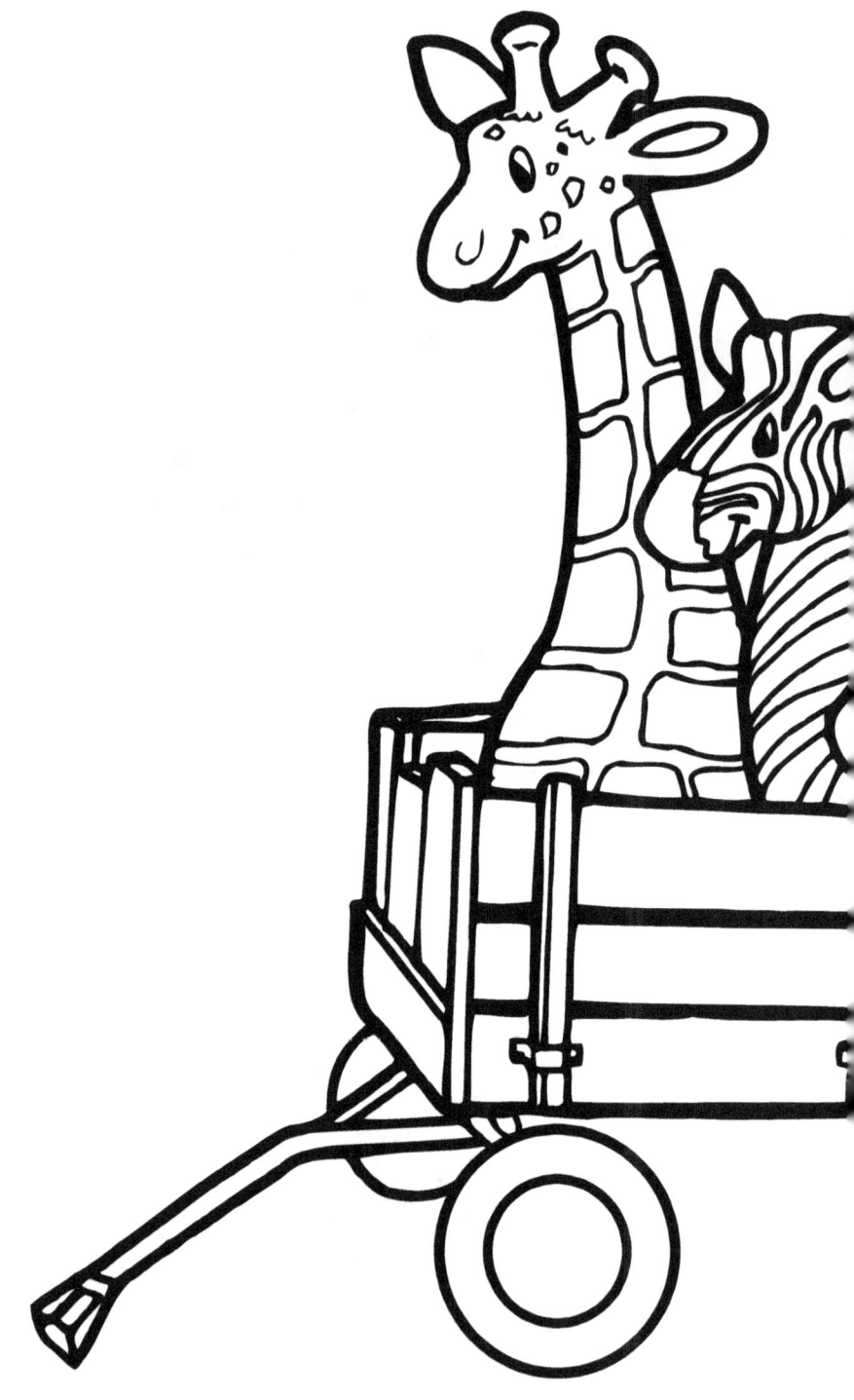

A_Wagon

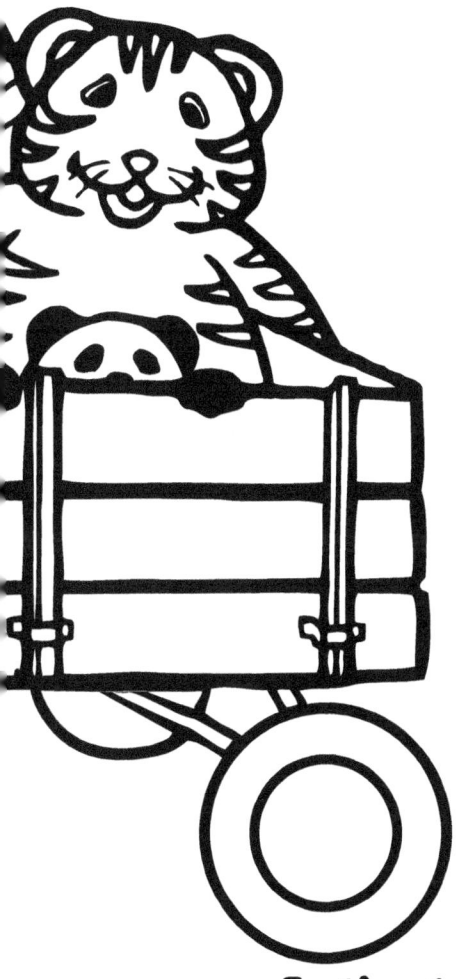

Let's start coloring

Birdhse

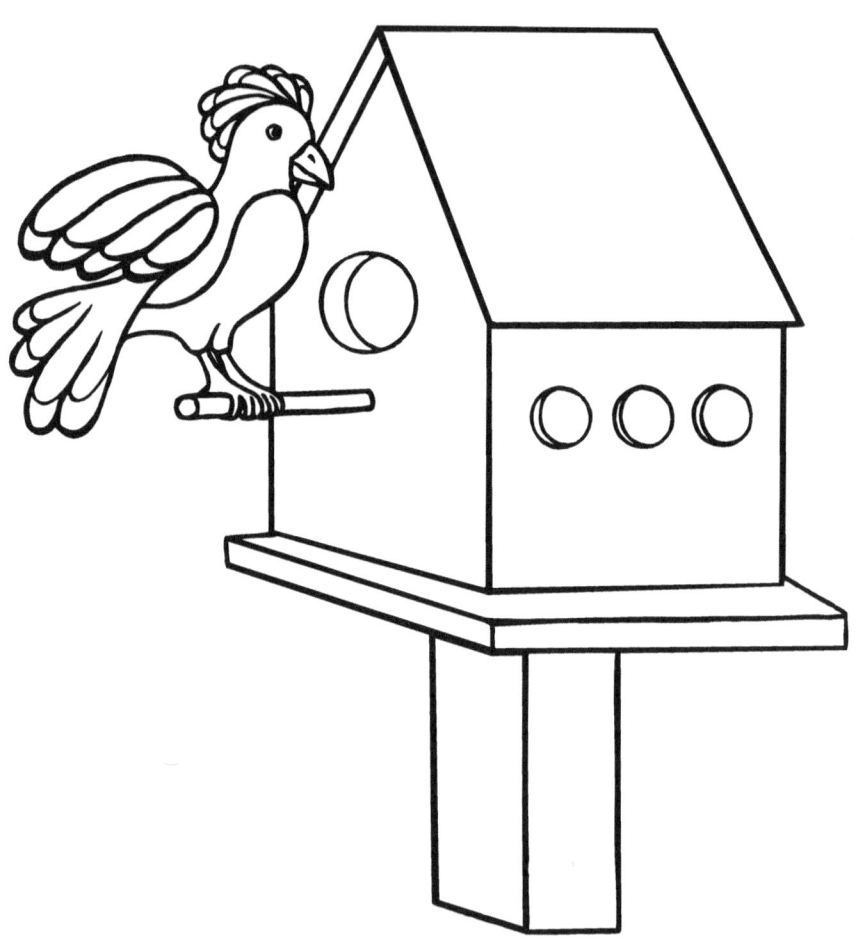

Let's start coloring

Cat_Fish

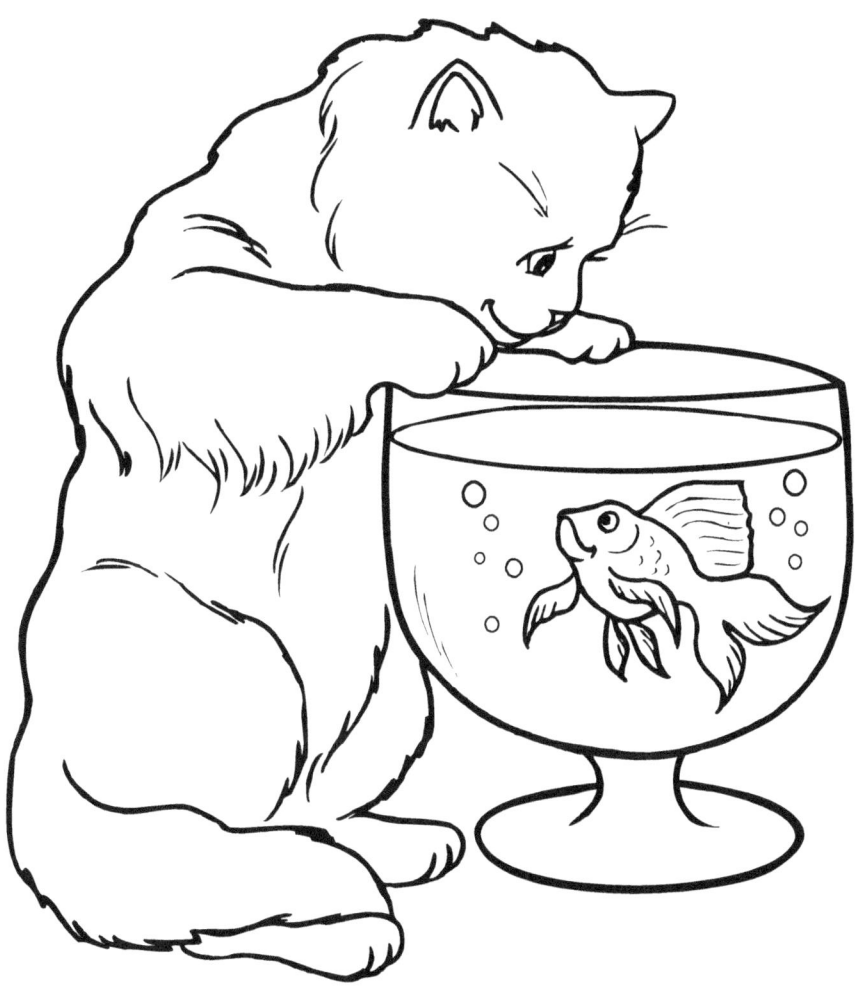

Let's start coloring

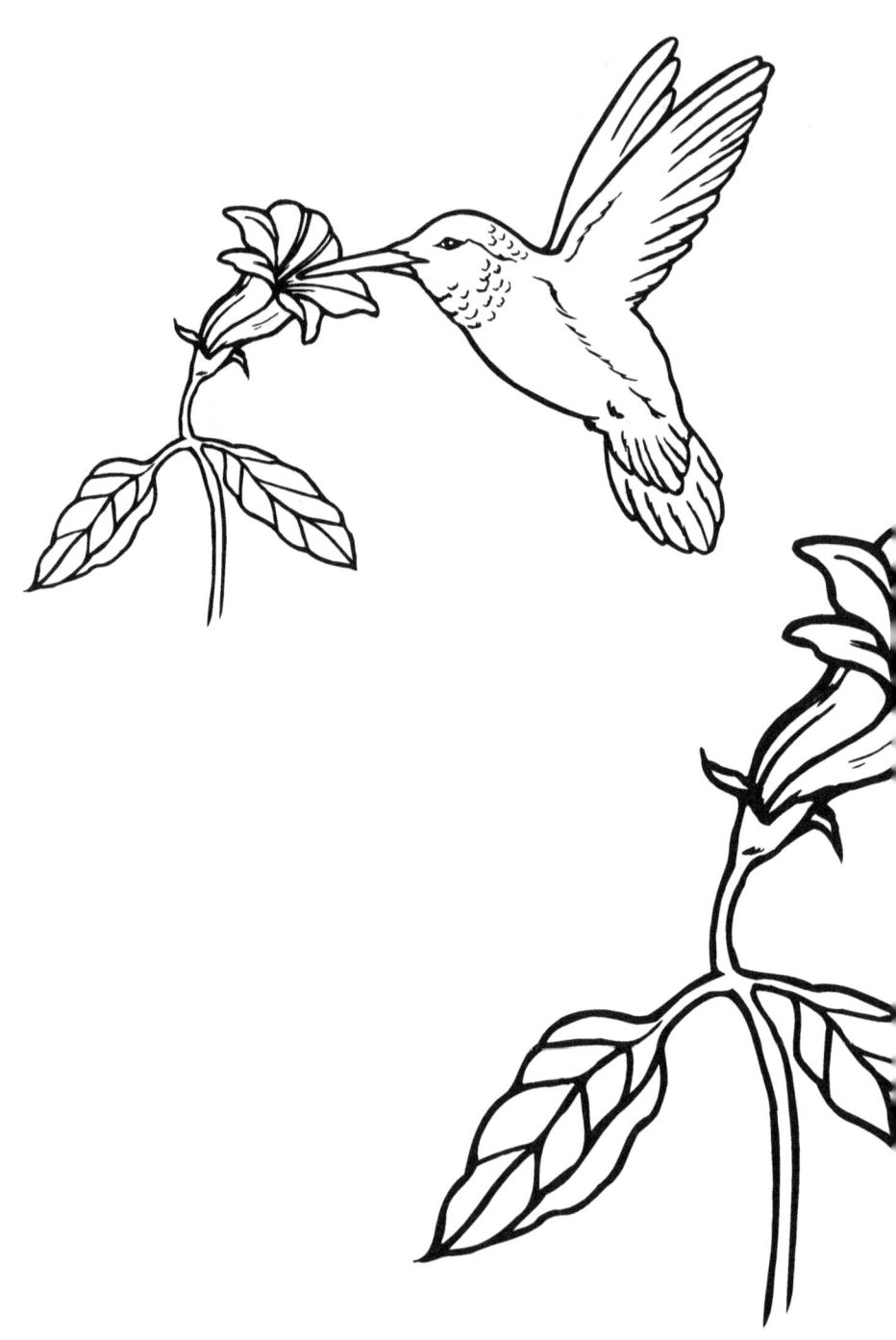

Let's start coloring

Hum_Bird

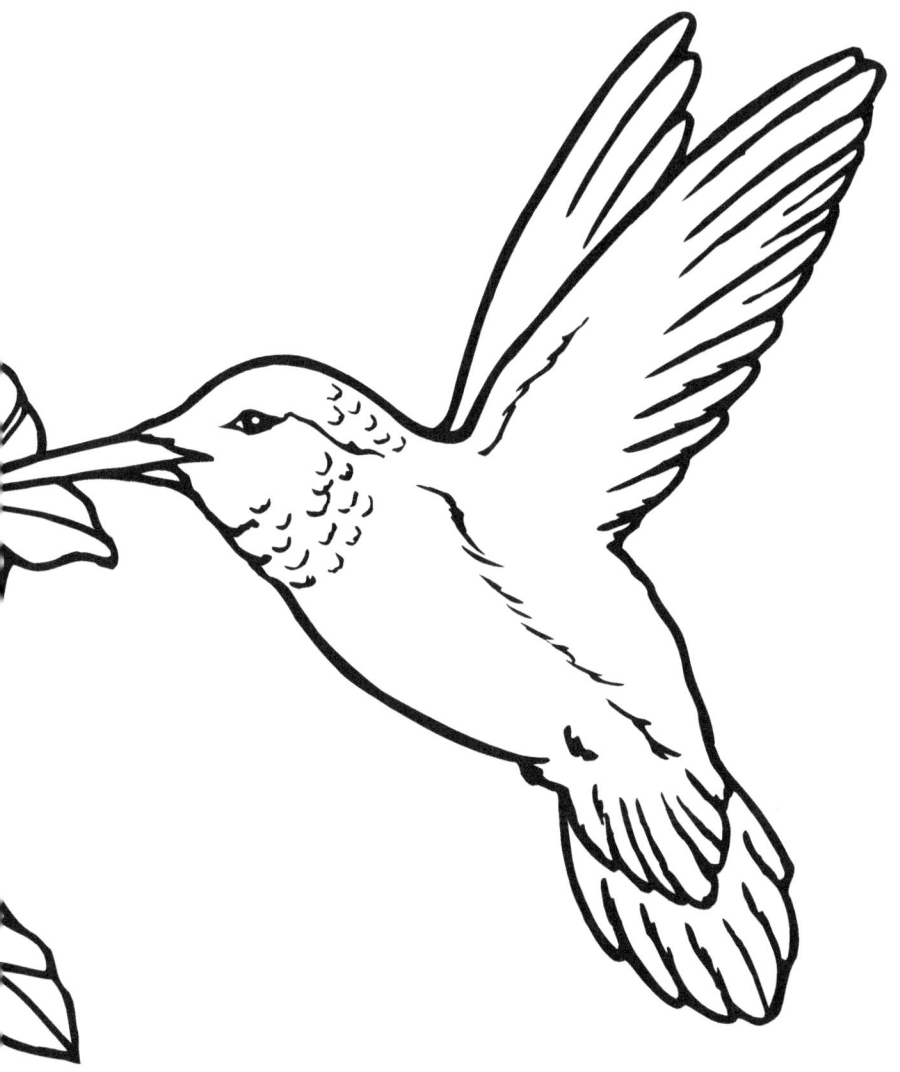

Let's start coloring

Buttrfly

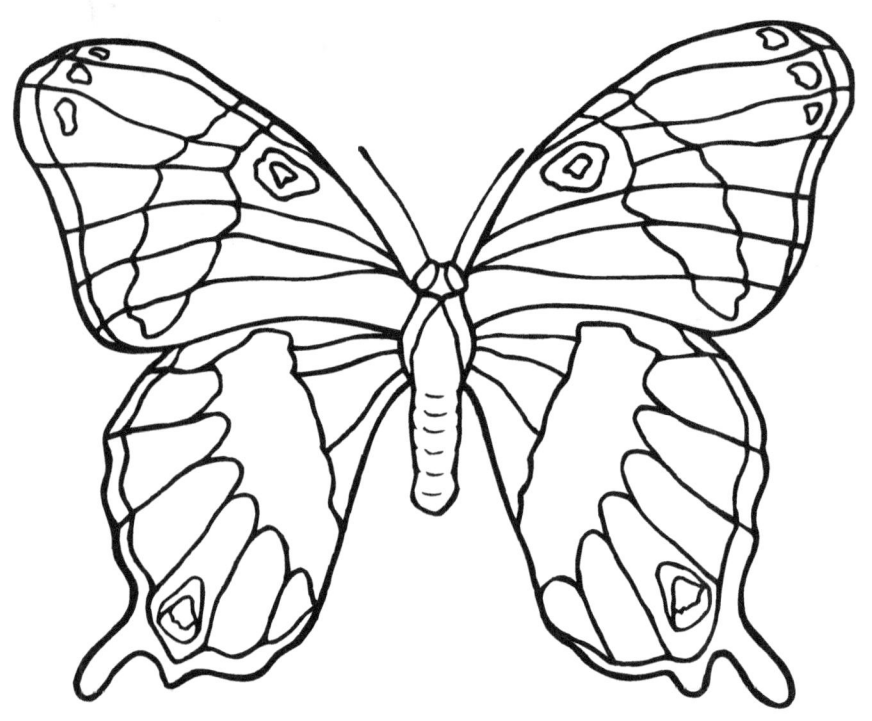

Let's start coloring

Parrot

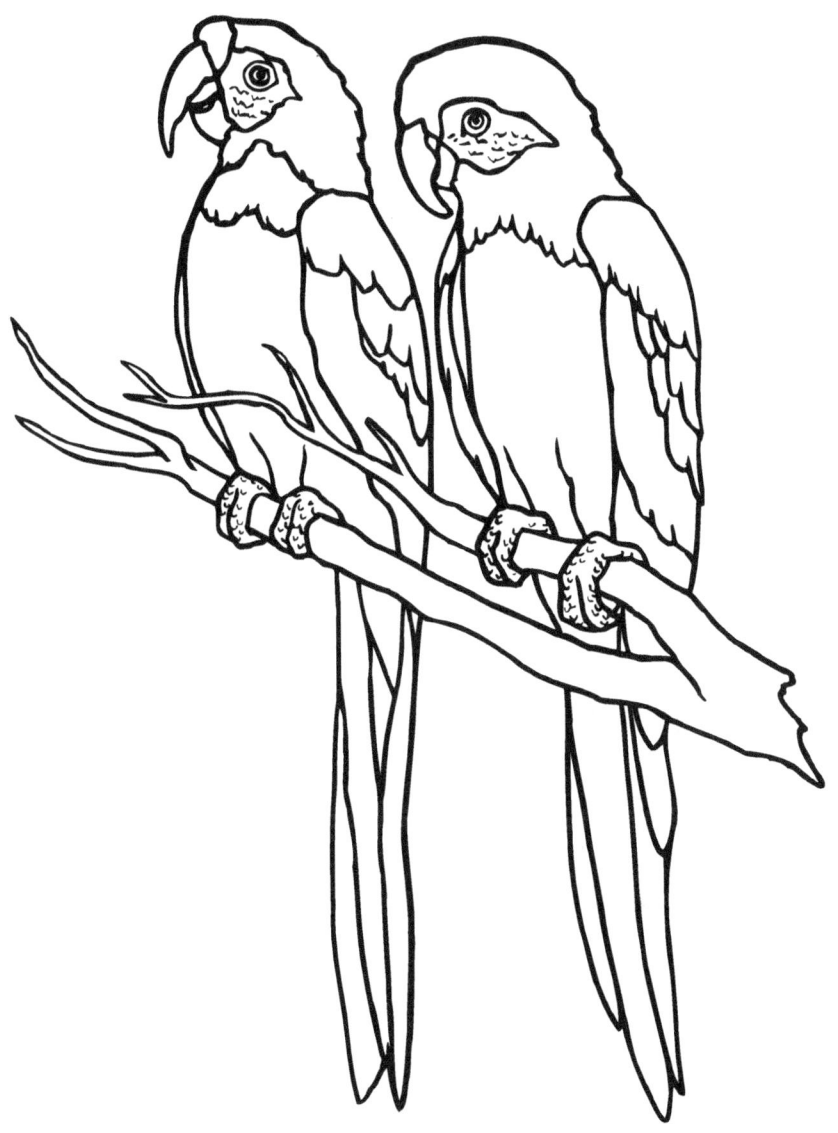

Let's start coloring

Rain

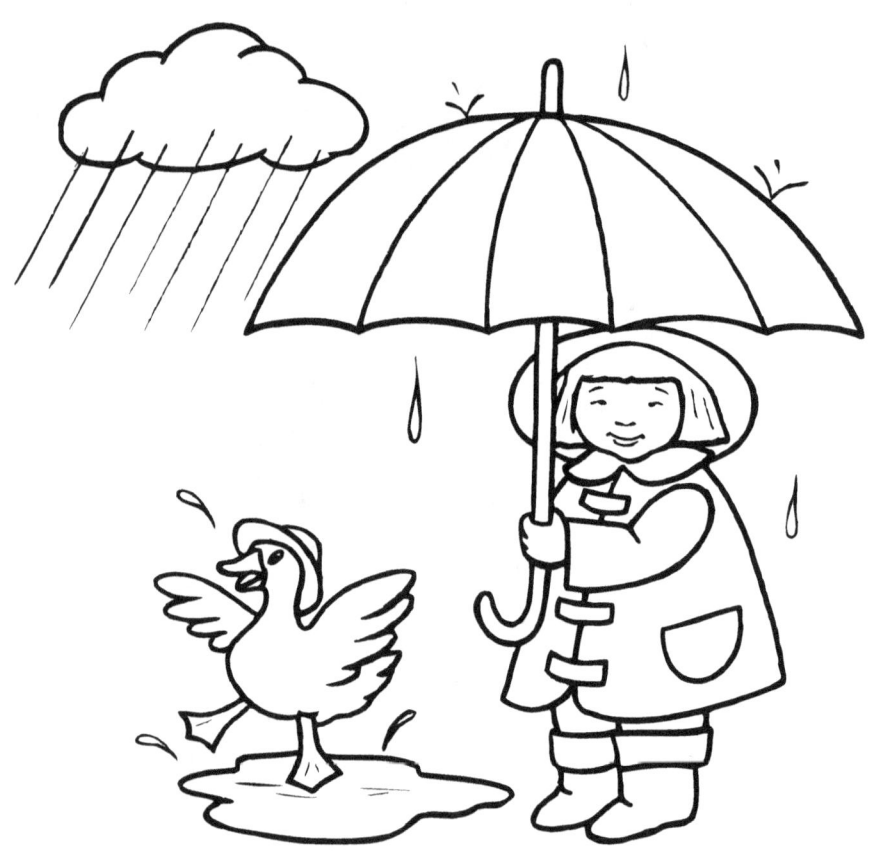

Let's start coloring

Clowndog

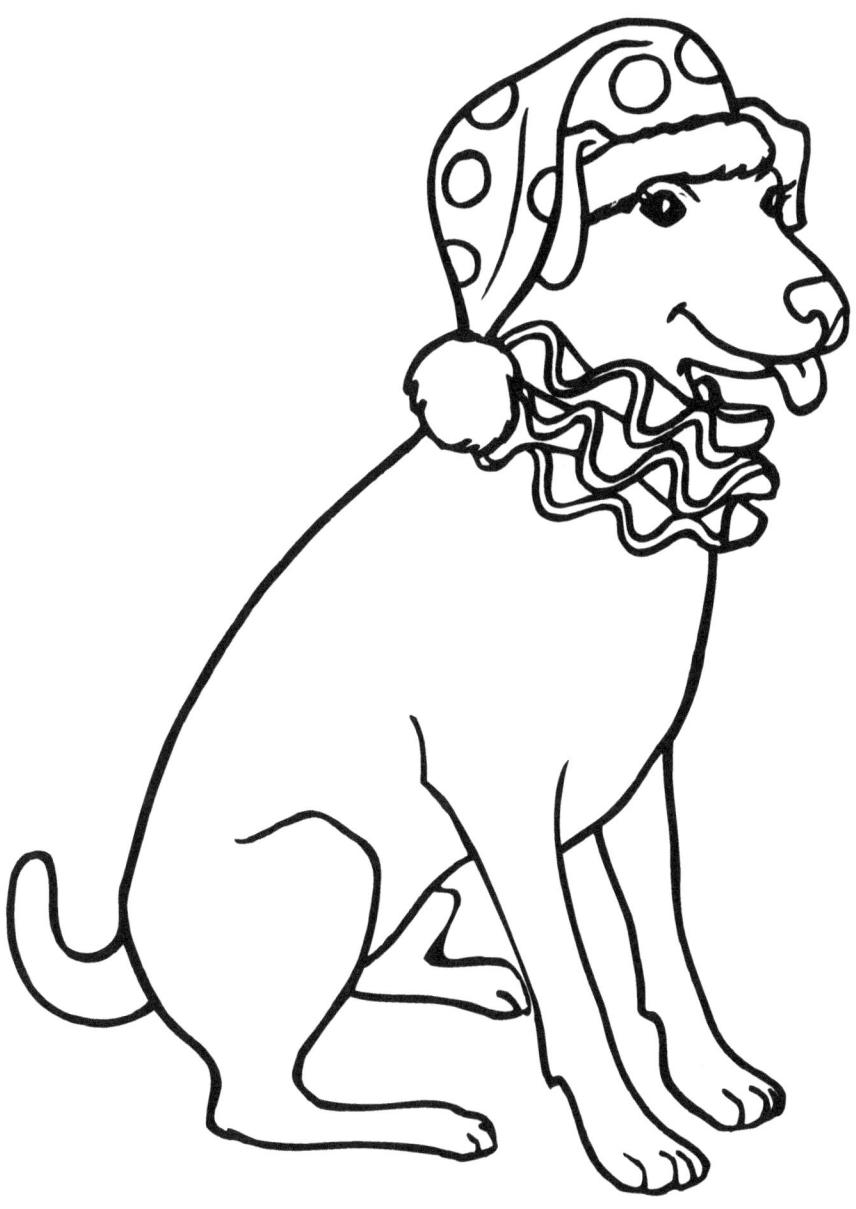

Let's start coloring

Heron

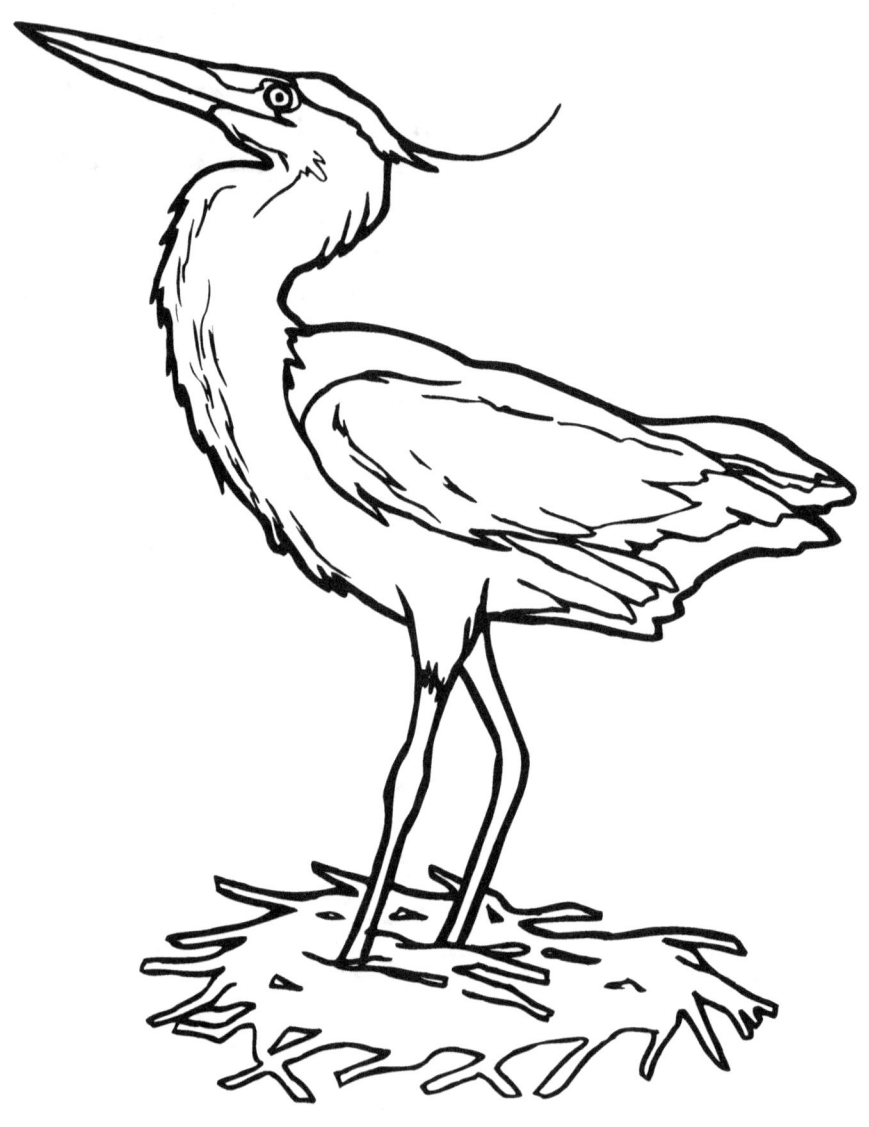

Let's start coloring

Dog_Bath

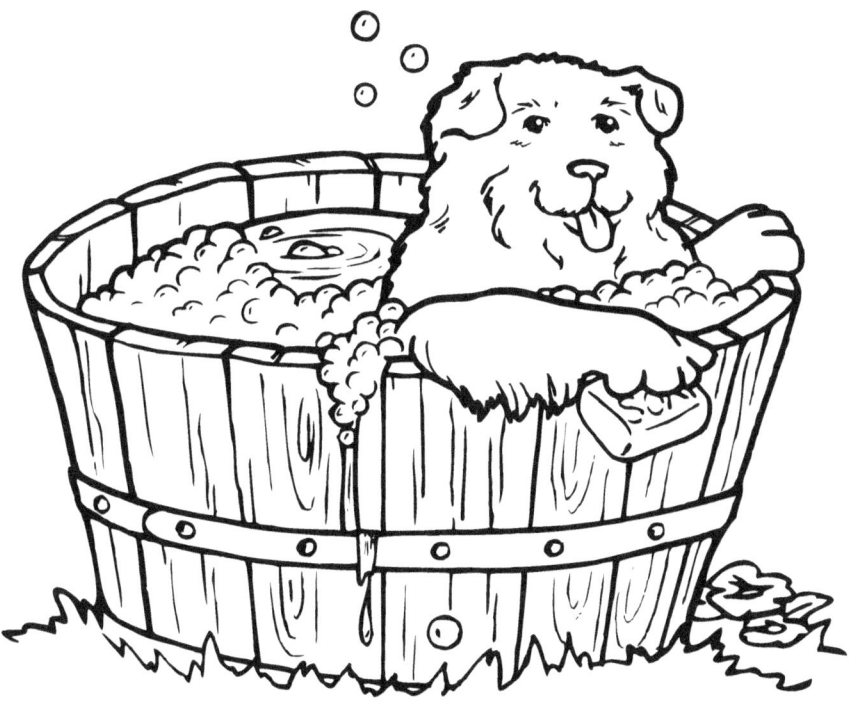

Let's start coloring

Boy_Kite

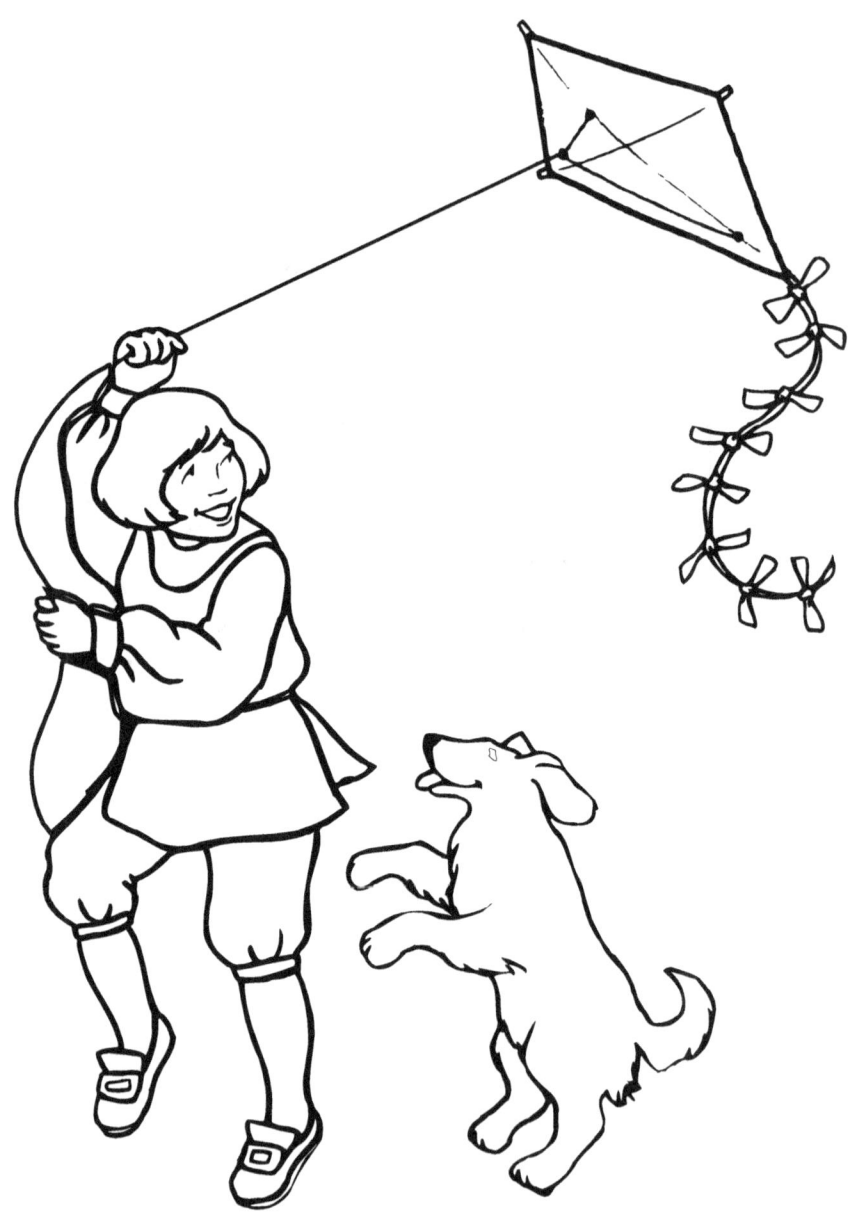

Let's start coloring

Bubbles

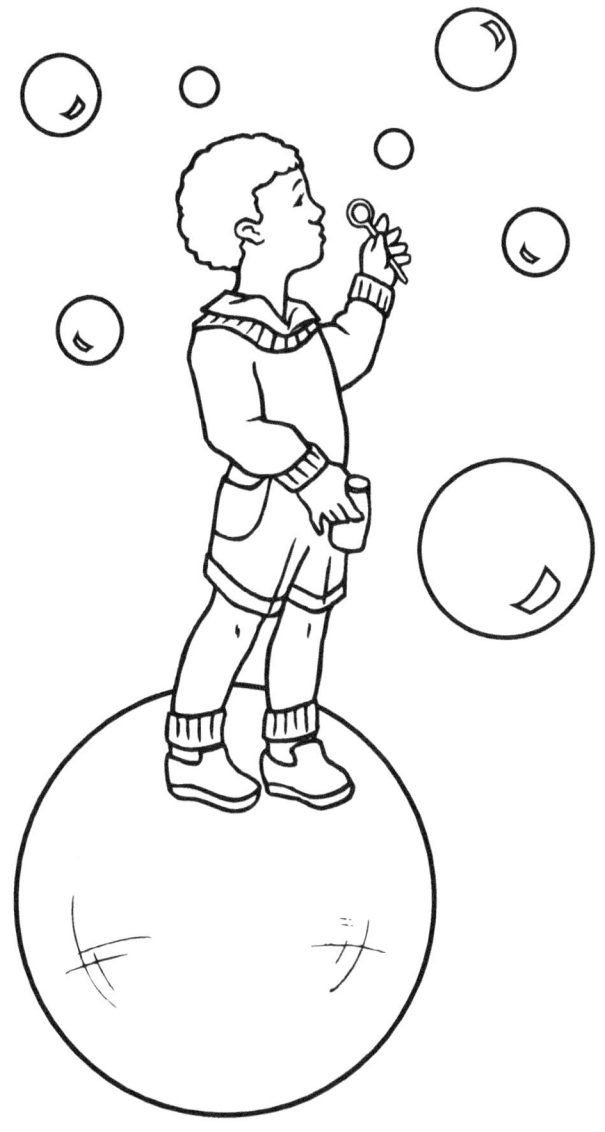

Let's start coloring

Woodsold

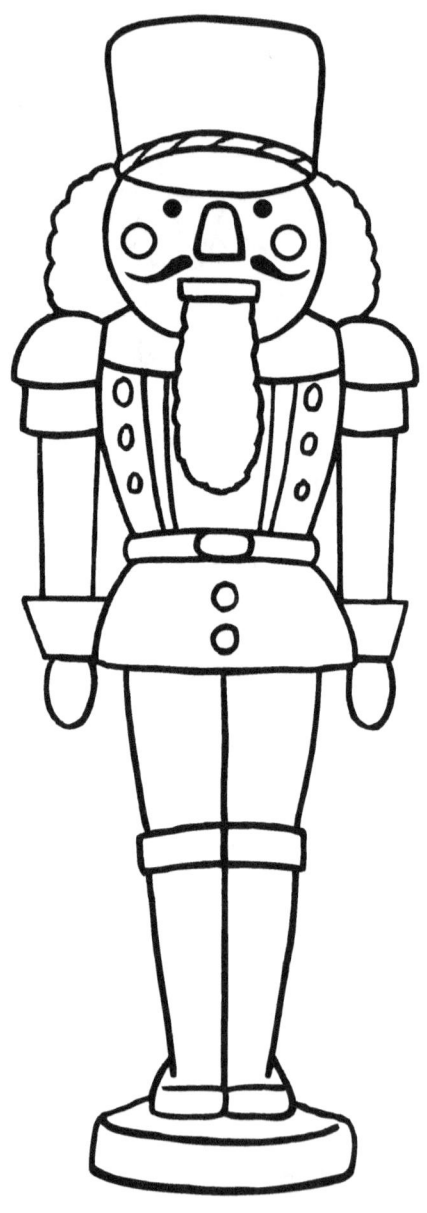

Let's start coloring

Ship

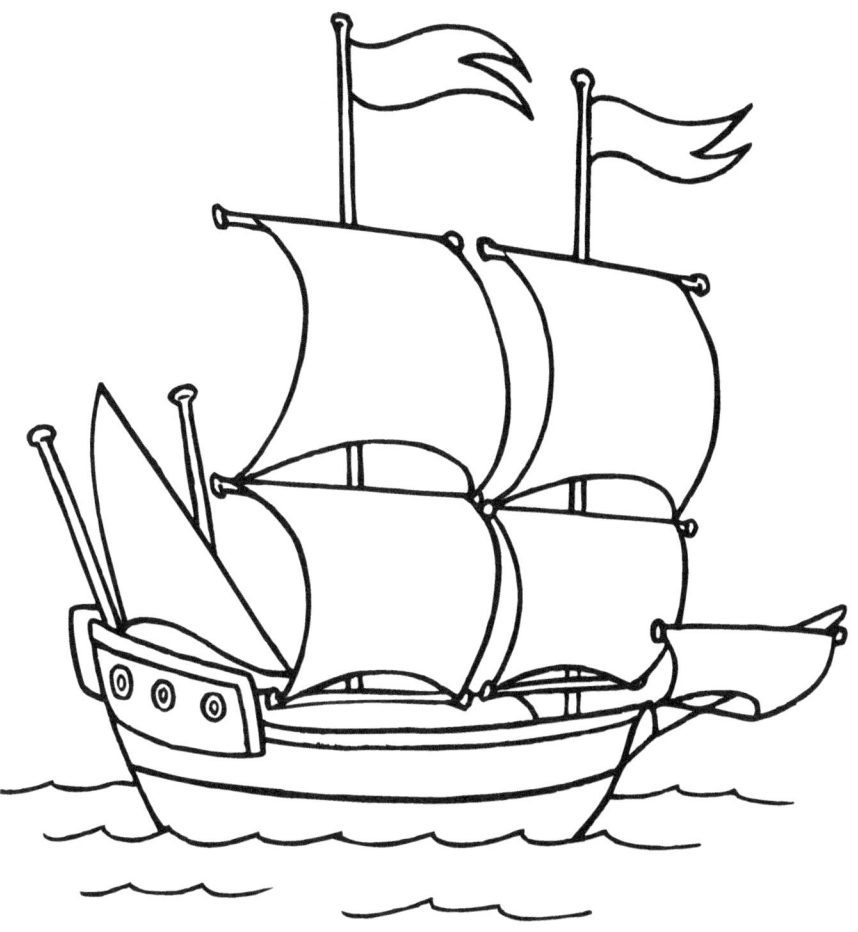

Let's start coloring

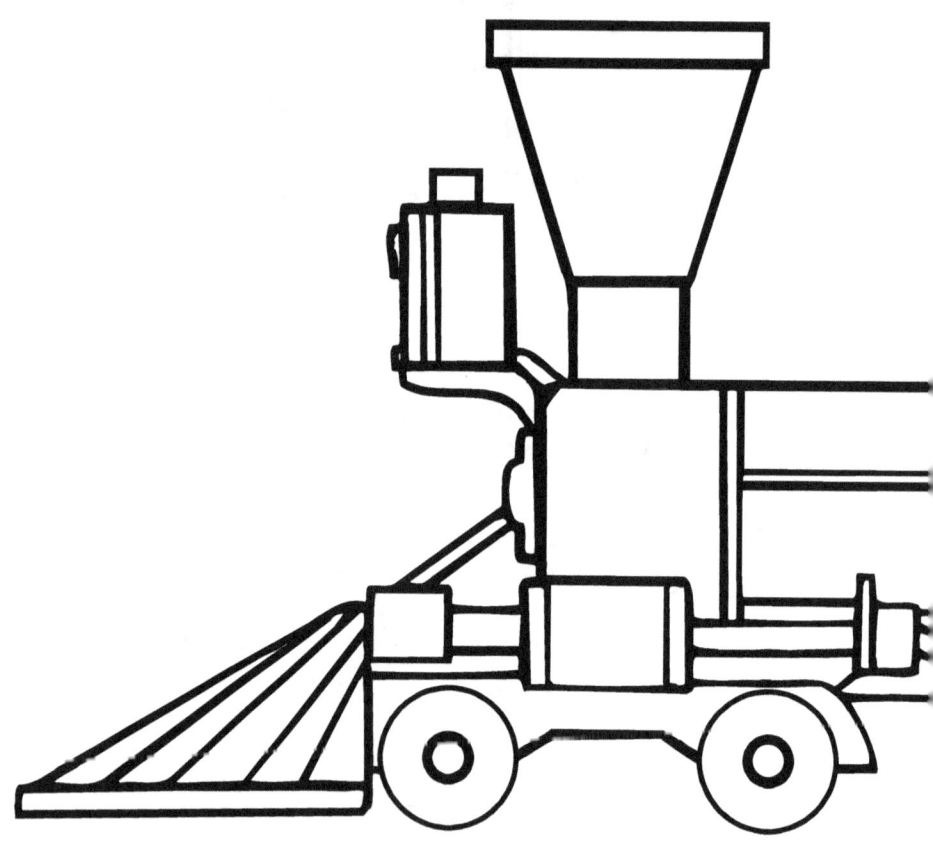

Train

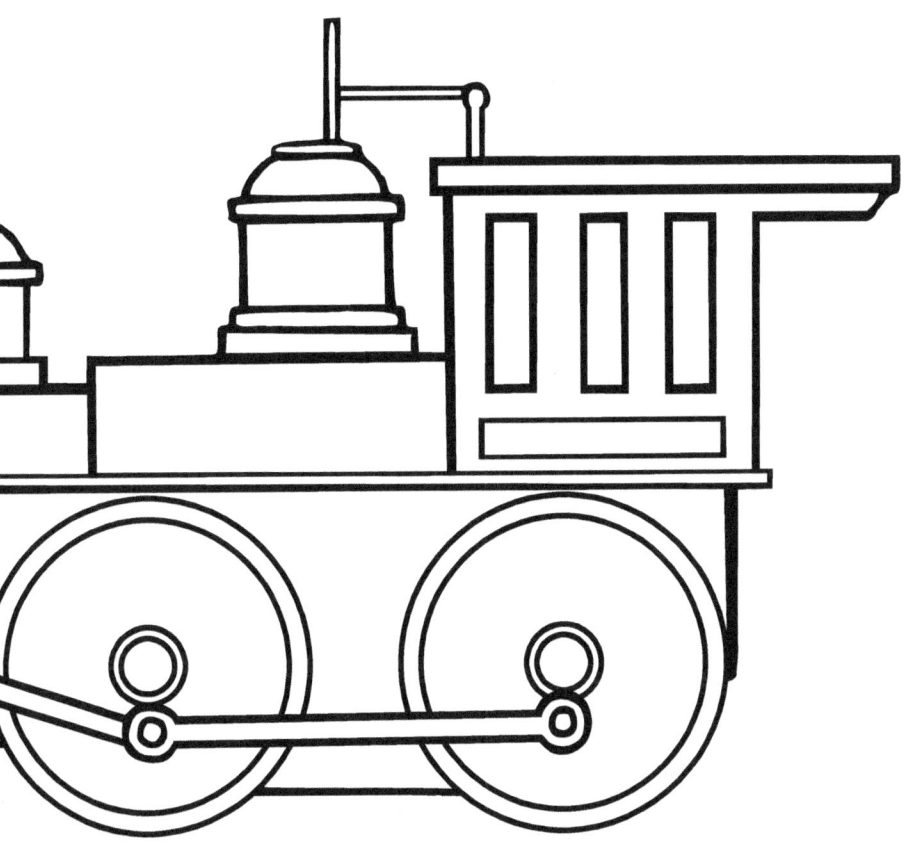

Let's start coloring

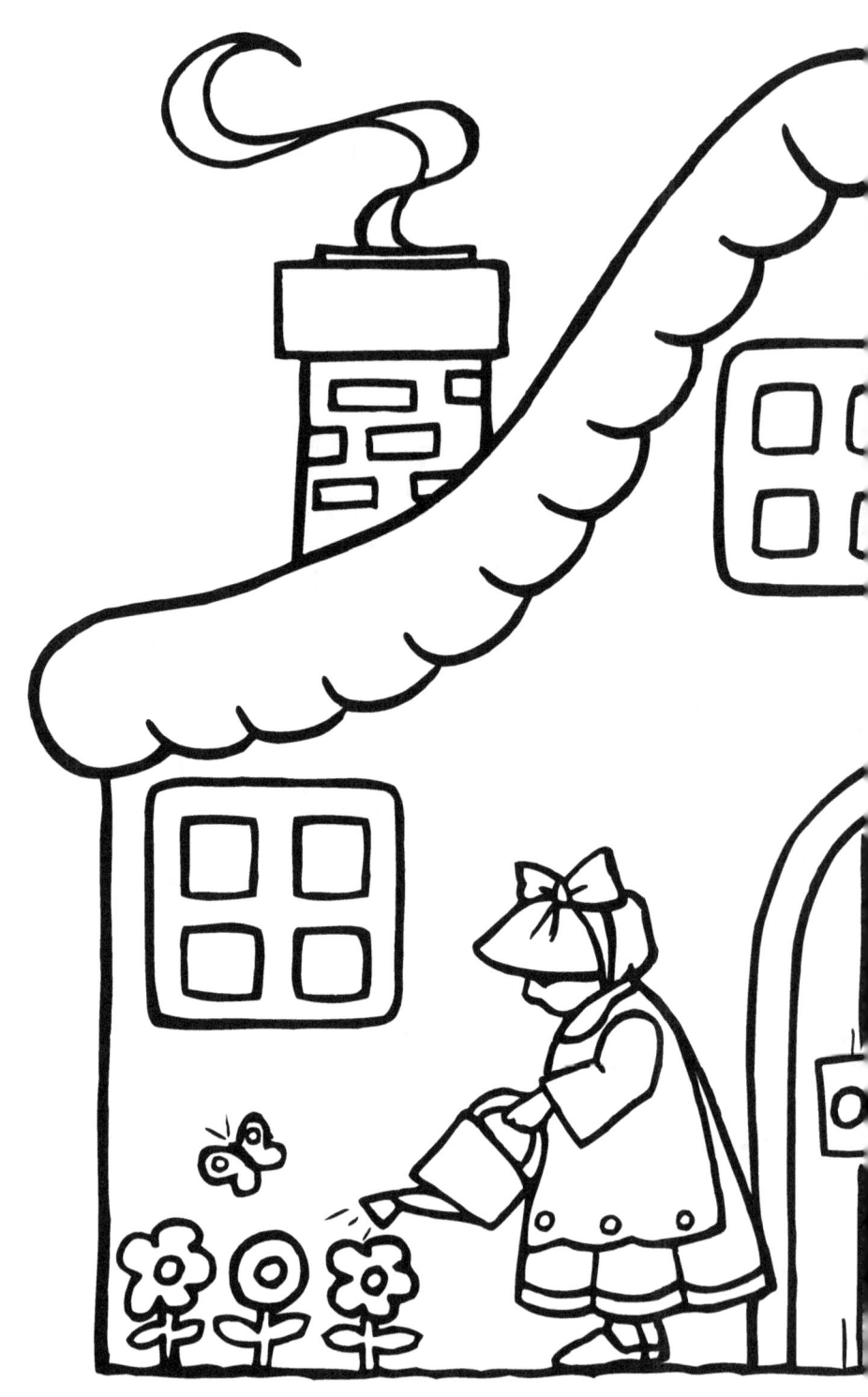

Cottage

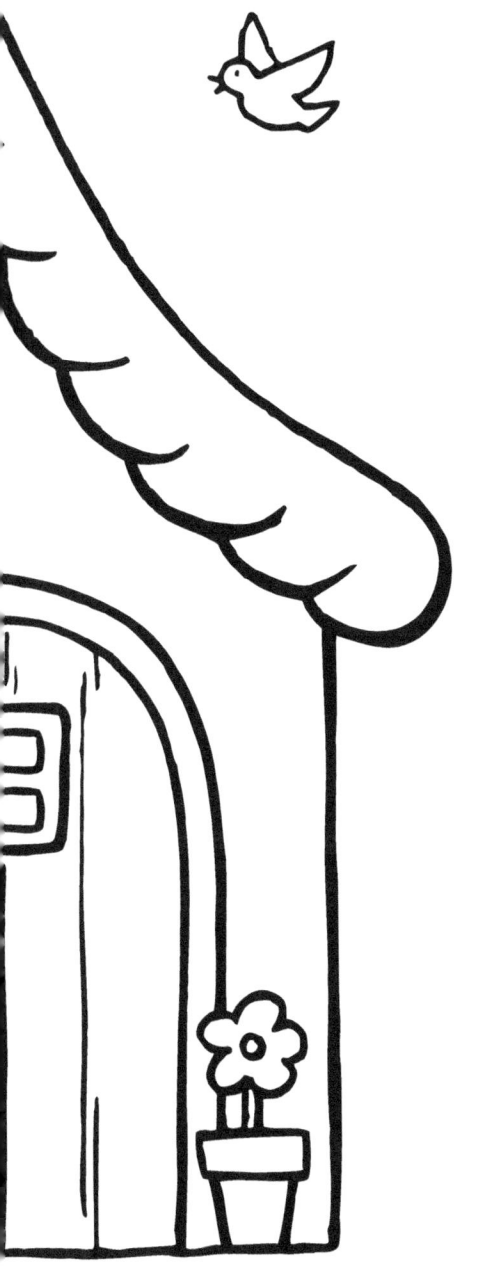

Let's start coloring

Boy

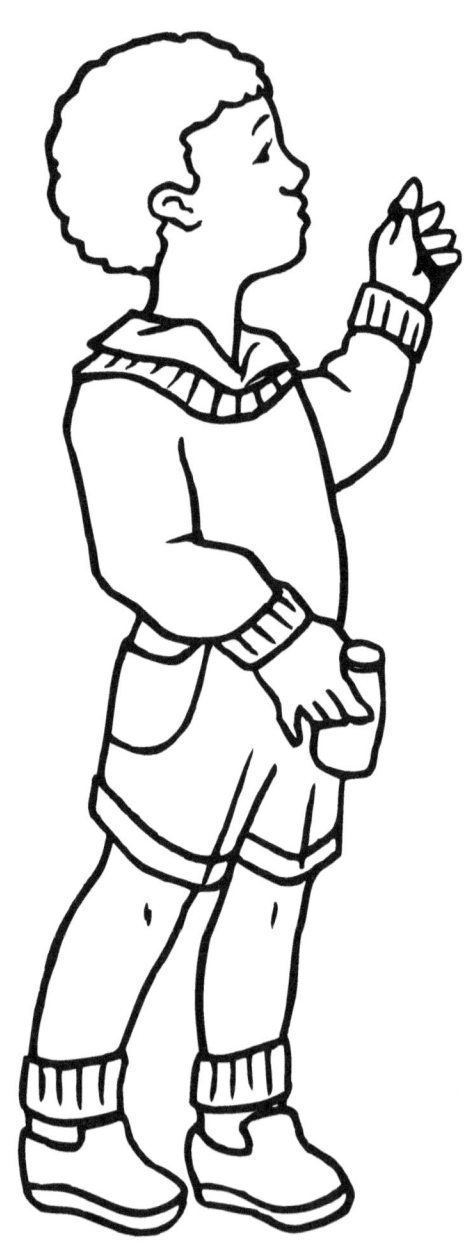

Let's start coloring

Girl_Cat

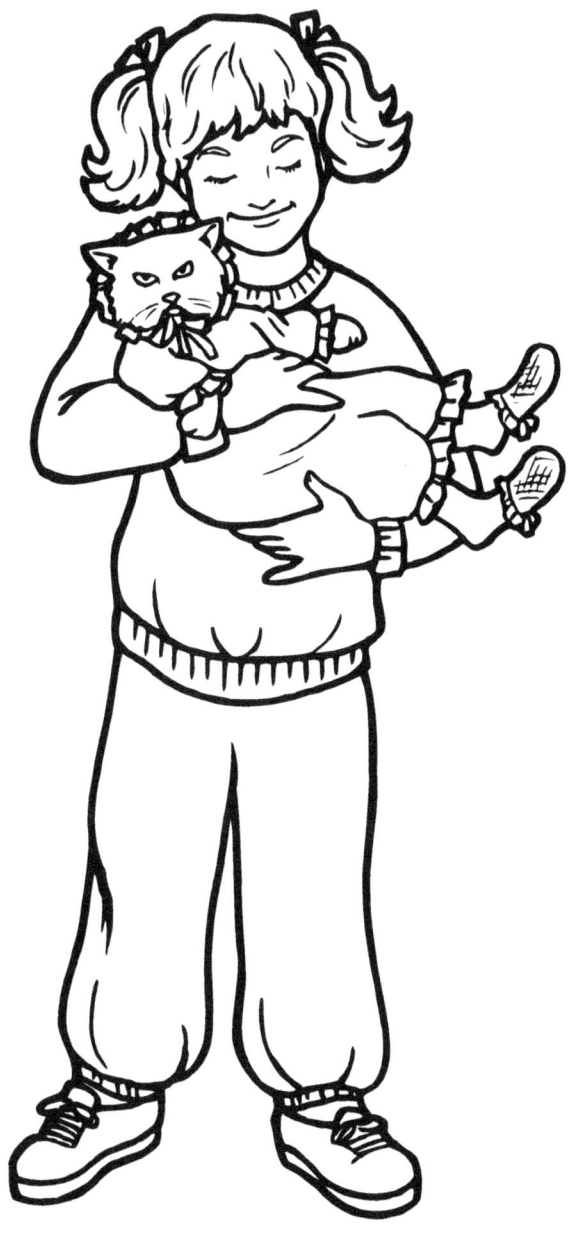

Let's start coloring

Vik_Boat

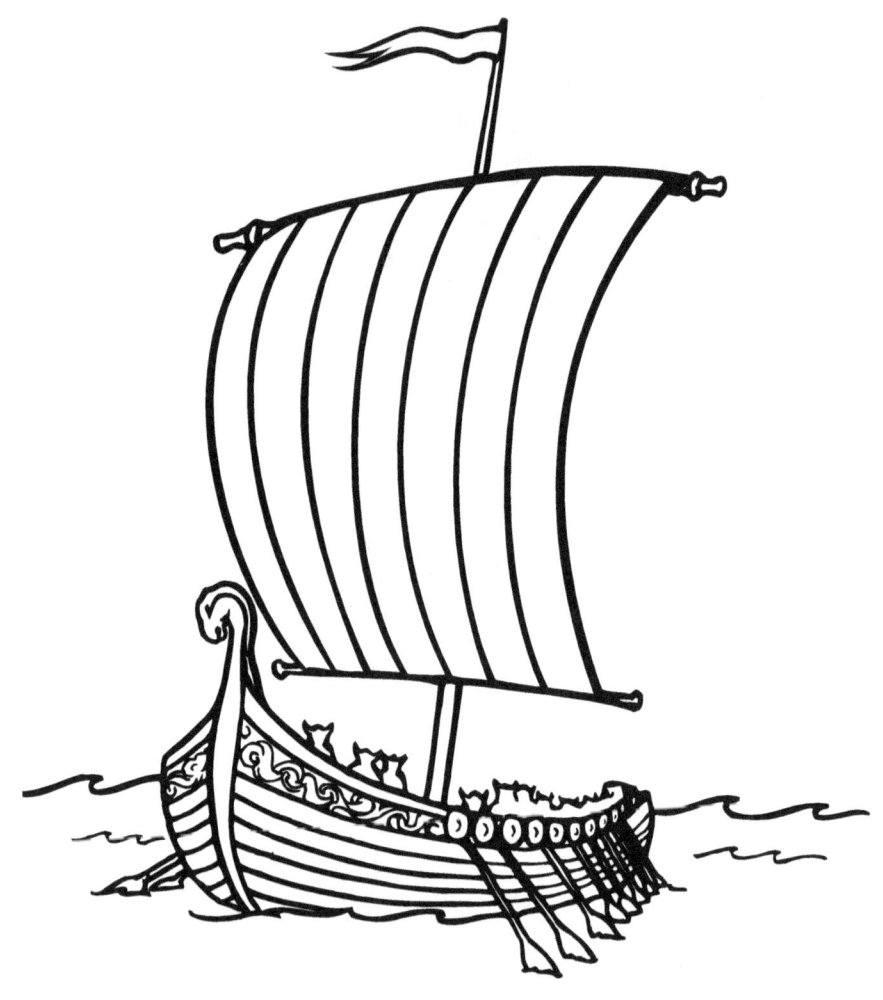

Let's start coloring